Negreros

Primera edición, mayo de 2026

EL DESVELO EDICIONES

Javier Fernández Rubio, director

Editorial Almuzara, S. L.
Parque Logístico de Córdoba
Ctra. Palma del Río, km 4
C/8, Nave L2, módulos 6-7, buzón 3
14005 - Córdoba
(+34) 957 467 081

eldesvelo@almuzaralibros.com
almuzaralibros.com

ISBN: 979-13-87799-71-7
IBIC: HBTS, JFM, HBG
THEMA: NHTS, DNBH, JBF
Depósito Legal: CO-550-2026
Impreso en España-Gráficas La Paz

Imagen de cubierta: *The Slave Trade*, Auguste François Biard, 1840

Esta obra ha sido publicada por cortesía de la Universidad de Cádiz,
cuya revista *Cuadernos de Ilustración y Romanticismo* publicó este texto en 2023

Los editores quieren agradecer la colaboración prestada por
Susan Paun de García a la hora de hacer realidad este libro

Negreros

Salvador García Castañeda

El Desvelo
EDICIONES

Mercado de esclavos en Cuba.

PRÓLOGO

En sus artículos «Los últimos corsarios armados en Santander» y «La trata desde el puerto de Santander» el estudioso santanderino Fernando Barreda aportaba en 1953 no pocos datos sobre la participación de Cantabria en el tráfico negrero a principios del siglo XIX. En el primero mencionaba la novela anónima *El capitán negrero o historia de un viaje a la trata de esclavos*, por un marino mercante, impreso en Santander en 1879, del marino montañés José Manuel Echeverri, quien relata las aventuras de un pretendido capitán negrero en una de las pocas novelas abolicionistas escritas en España, y prácticamente desconocida hasta ahora.

Los artículos de Barreda y la lectura de esta novela despertaron mi interés por conocer la relación que tuvo Santander con el comercio de esclavos en el siglo XIX. La trata de negros en la España de aquel siglo es hoy un tema de creciente interés como evidencian los numerosos y excelentes trabajos publicados en las últimas décadas. Basándome en las publicaciones de tan destacados historiadores contemporáneos como Ángel Bahamonde, José Cayuela, María del Carmen Cózar Navarro, Lizbeth Chaviano, Gustau Nerín, José Antonio Piqueras y Martín

Rodrigo, entre otros, he pretendido determinar en esta primera exploración quiénes fueron los esclavistas montañeses y situarlos dentro del mundo comercial y social de la Península y de Cuba en aquel siglo.

Sabemos de aquellos emigrantes a quienes su riqueza permitió hacer grandes negocios, ejercer una fuerte influencia política a ambos lados del Atlántico y dejar fundaciones benéficas en su tierra; otros apenas son conocidos hoy, y sobre ellos quedan escasas noticias. La mayoría de las que tenemos acerca de nuestros ilustres indianos son de carácter panegírico y en las biográficas suelen omitirse los orígenes y el carácter de su rápida fortuna.

Esta obra ha sido publicada por cortesía de la Universidad de Cádiz, cuya revista *Cuadernos de Ilustración y Romanticismo* publicó este texto en octubre de 2023. El lector interesado en las referencias bibliográficas precisas puede consultar el artículo original.

Salvador García Castañeda

Negreros

A partir de la segunda mitad del siglo XVII la prosperidad de Santander se basaba en la exportación a América de las harinas castellanas, y se manifestó en nuevas fábricas y casas de comercio y en una flota mercante que ya en 1800 contaba con más de treinta barcos. En 1817 ya era un puerto negrero del que periódicamente salían barcos dedicados a la trata que hacían el viaje triangular desde España cargados de mercancías diversas que cambiaban por esclavos en África, y desde allí rendían viaje en Cuba.

Cádiz destacaba por su actividad negrera a finales del XVIII y principios del XIX, Santander poco después y Barcelona comenzó su ascendente dedicación a la trata hacia los años 20.

En «Los últimos corsarios armados en Santander (1797-1825)», mencionaba Fernando Barreda nada menos que cuarenta y ocho barcos armados en corso entre bergantines, goletas, corbetas y fragatas de los que hace una descripción en ocasiones detallada (con nombres del propietario y del capitán, datos sobre la tripulación, matrícula, armamento y tonelaje, y algunos otros particulares). Y en «La trata desde el puerto de Santander» enumeraba quince barcos negreros de características semejantes. Entre los documentos referentes al comercio marítimo de esta ciudad entre 1750 y 1810 halló varios referentes a la trata de negros, entre ellos, contratos entre los armadores y las tripulaciones de los barcos que salían de Santander a la costa de África. Menciona quince embarcaciones negreras de la matrícula de Santander cuyo tonelaje oscilaba, entre las menores, como las goletas *María Josefa de Ereño*, de 90 toneladas, y *Palafox*, de 112; y las mayores, como las corbetas *San Fernando*, de 433 toneladas, y *Flora*, de 434. *La Minerva*, de entre 300 y 350 toneladas, emprendió viaje el 8 de abril de 1816 desde Santander a La Habana con escala en la costa de África.

A los barcos españoles se les concedía una Real Patente, y algunas lo eran de corso y mercancía, para dedicarse al tráfico de negros. La fragata *Rita* llevaba una dotación de cincuenta y cinco hombres, y su Real Patente, expedida en abril de 1817 por el Secretario de Estado D. José León y Pizarro, especificaba que era para dirigirse «a la costa de África a la compra de negros y conducirlos desde allí al Callao de Lima, Guayaquil u otro cualquiera puerto de la América meridional». Barreda da en «Apéndice» la «Contrata de sueldos del capitán y la tripulación de la goleta *Mulata*, firmada en Santander el 18 de febrero de 1815» y la de otros barcos. José Antonio Piqueras señala que en 1819 salieron de Santander para la costa de África el *Nuevo pájaro* y el bergantín *Timoleón* y, entre 1815 y 1820, fue el punto de partida de diecisiete barcos negreros. En «Un marino» (*Escenas montañesas*) recordaba José María de Pereda que en sus tiempos de estudiante en el Instituto «había para desternillarse de risa» cuando escuchaba a los admirados jóvenes pilotos contar sus aventuras y viajes a lejanos países «como la costa de África, adonde iban algunos, o Sierra Leona, adonde *los llevaban* los cruceros ingleses». Aparte de estos artículos de Fernando Barreda no parece que haya habido más estudios sobre la trata de esclavos relacionados con el puerto de Santander o con los montañeses que la ejercieron. Pero aunque el tráfico negrero de los españoles estuvo principalmente en manos de catalanes y de vascongados, los trabajos publicados en nuestros días han dado a conocer la gran participación que tuvieron los montañeses en la trata, y que algunos de ellos fueron de los esclavistas más destacados del siglo XIX.

Cádiz fue uno de los núcleos españoles de la trata más importantes en el XVIII pues su bahía, situada en la encrucijada de Europa, África y América reunía las mejores condiciones para la trata clandestina. A partir de 1830 hasta la prohibición del comercio transatlántico de esclavos en 1866, su puerto fue el principal de toda Europa para aquel comercio. En 1817, Santander se consideraba un puerto negrero del que periódicamente salían barcos dedicados a la trata, el de Barcelona lo era ya en los años 20 y más aún en los 30, y el de Cádiz tenía la importancia de ser puerto de salida o de parada para aprovisionamiento. En los años 30 la mayoría de las expediciones negreras hispanas salía de Cuba, de donde se exportaban mercancías para África.

En *Voyages. The Trans-Atlantic Slave Trade Database*, José Antonio Piqueras reúne información sobre 36.000 viajes negreros entre 1501 y 1875. Si nos limitamos al siglo XIX la etapa de comerciar con esclavos legalmente duró hasta 1820 cuando el Tratado bilateral España-Gran Bretaña de 1817, que se complementaría en 1820, declaró ilegal la trata de esclavos en todo el mundo. Fue ratificado en 1835 pero el comercio transatlántico de esclavos continuó mientras fue posible y, entre 1850 y 1866, Cuba fue el mayor receptor de negros hasta este último año en que el Real Decreto del 7 de octubre abolió la esclavitud en la isla aunque el inicio de la primera guerra cubana de independencia en 1868 supuso la paralización definitiva del comercio clandestino de esclavos.

Se consideraba «negreros» tanto a quienes compraban esclavos en el Nuevo Mundo como a quienes los poseían, y comprendía así «a quienes disponen de una propiedad amparada por las leyes, promovida por la Corona y aceptada en la metrópoli como una de las actividades respetables y más lucrativas que podían hallarse». Financiaban aquellas expediciones muchos empresarios, comerciantes y navieros tanto en Europa como en América que participaban en la trata asociándose para adquirir un barco, equiparle y comprar los negros, con discreción y sin exponerse personalmente. Ya fueran católicos o protestantes, no había conflicto entre sus escrúpulos morales y aquel negocio pues era una creencia extendida que los negros eran ganados así para el cristianismo y que tendrían mejor vida en América que en su propio país. Sus ganancias permitieron a los inversores, tanto en la trata como en las plantaciones, llegar a ser banqueros, y en Cuba hubo una especie de «esclavismo popular» en el que se invitaba a los migrantes y a los criollos a multiplicar sus ahorros en un negocio con grandes y rápidos beneficios.

En España, la real cédula de 1789 que autorizaba la libertad de la trata muestra la influencia que tenían en Madrid los hacendados cubanos, cuyos planes coincidían con los del Gobierno. Entre 1789 y 1821, llegaron a Cuba 342.000 esclavos en más de dos mil barcos negreros. La posesión de esclavos se mantuvo en las provincias españolas de Ultramar hasta 1886 pues para ello contaron con la complicidad de las autoridades españolas que se enriquecían con la venta de cargos, la distribución de favores y, sobre todo, con los porcentajes que recibían del comercio de esclavos.

Cuba y Puerto Rico no tenían los mismos derechos políticos que la Península, tanto por la diversa composición de su población como por ser la esclavitud legal en ellas, y estaban gobernadas directamente por el Capitán General, cuyos poderes llegaron a ser absolutos. Desde los años 20 la mayoría de los Capitanes Generales participaron de los beneficios de la trata pues recibían un tanto por cada africano desembarcado, y durante su mandato en Cuba Miguel Tacón (1834-1838) mantuvo una provechosa relación con un grupo de comerciantes peninsulares dueños de ingenios azucareros y de plantaciones de café, terratenientes y navieros, «la camarilla de Tacón», dedicados al comercio clandestino de esclavos. Este Capitán General acumuló así casi medio millón de pesos, y lo mismo hicieron otros, en especial, Leopoldo O'Donnell (1843-1848).

Cuando Jerónimo Valdés (1841-1843) denunció a la Regencia el tráfico de negros sufrió en 1841 una campaña de descrédito que culminó en su cese. Se le acusó de ceder a las intromisiones británicas y se pidió su sustitución inmediata en el mando de la isla.

La campaña fue organizada en Cuba pero se dispuso que la acusación pareciera una iniciativa particular y la Diputación Provincial de Santander se prestó a hacerlo. Fernando Barreda ya dio a conocer esta *Memoria que publica la Junta de Comercio de Santander* (1842) que denunciaba entre otras cosas que el interés de los ingleses por acabar con la esclavitud en las colonias españolas no tenía el fin de «dar gusto al fanatismo de la secta abolicionista», sino hacerlas improductivas para entonces surtir ellos los mercados de Europa con sus productos de la India. Y denunciaba «el fanatismo repugnante a los progresos del siglo» que había en los dominios ingleses «a favor de los negros» y que la abolición no suponía el bienestar del esclavo pues con ella «pierde el derecho a ser alimentado, vestido y asistido en sus dolencias, y solo adquiere la facultad de entregarse al ocio característico de su raza, a la miseria que el ocio engendra, y al crimen que la miseria inspira». Tampoco consiguieron nada Juan de la Pezuela (diciembre 1853-septiembre 1854) ni Francisco Serrano (noviembre 1859-diciembre 1862), y cuando Domingo Dulce (1862-1866) estuvo de nuevo a cargo de la Capitanía General (enero 1869-junio 1869), al enfrentarse con el poderoso negrero Julián de Zulueta, que era socio y agente de la Reina Regente María Cristina, con

Pancho Martí y con los O'Farril fue prácticamente expulsado de la isla. Es más, las dificultades puestas en el camino de los negreros aumentaban el precio del soborno a las autoridades y el de los esclavos.

*

La mayoría de los negreros montañeses tuvieron en común proceder del ámbito rural y de familias humildes, en ocasiones muy pobres, y haber llegado muy jóvenes a Cuba donde comenzaron a ganarse la vida navegando o como dependientes en comercios. Se establecieron pronto con pequeños negocios que luego ampliaron y les permitieron disponer de los fondos necesarios para participar en la compraventa de esclavos, adquirir ingenios azucareros y en otras empresas. Si prosperaban llamaban a sus hermanos y a otros parientes, como hicieron el campurriano Pedro Martínez de Terán, Antonio López y tantos otros.

Parece que el torancés Vicente María de la Portilla emigró muy joven a Veracruz, donde trabajó en una tienda de su tío Manuel Ordóñez. A los 28 años volvió a Santander, estaba de vuelta en México en 1814 y en aquel año tenía un capital de 50.000 pesos fuertes. Se casó con su prima segunda Ana María Ordóñez Gutiérrez del Mazo, de 20 años, quien le dio cuatro hijos nacidos en Veracruz. Tras la independencia de México se trasladó a la Habana; allí quedó viudo y se volvió a casar con su cuñada Remedios. Al cabo de tan solo ocho años había duplicado un patrimonio que era considerable entonces y la familia marchó a Cádiz donde nacieron otros seis hijos. Allí compró viñedos, estableció bodegas en el Puerto de Santa María y comenzó un próspero comercio de exportación de vinos a Europa y América; en 1849 era ya uno de los negociantes más importantes de la provincia. Lo compaginaba con otros negocios y la consignación de buques con los que comerciaba con Cuba, Puerto Rico y Veracruz, y sus hijos continuaron sus negocios. «Si bien no hemos encontrado prueba documental que acredite la participación de Vicente María de la Portilla en el tráfico de esclavos», escribe Cózar, «hemos hallado, sin embargo, algunos indicios de su posible implicación, ya que dos de los buques que él despachaba en Cádiz participaron en la trata»: el bergantín-goleta español *San José* (a) *El Águila*; su capitán Juan Ferrer, en 1832, hizo un viaje redondo de la Habana a Loango y regresó a la Isla con 616 esclavos; y unos años más tarde, en 1841, el mismo buque navegó desde Cuba hasta Popo y volvió desembarcando 503 esclavos en Bahía Honda. Consta, por otro lado, que el bergantín *Amistad* participó en 1829 y 1830 en el tráfico de esclavos entre Cuba y África Occidental. Según Cózar, «es obvio que la familia Portilla no estuvo ajena al mundo de la trata pues alguno de sus miembros emparentó con conocidos traficantes de esclavos». Algunos descendientes de Vicente María de la Portilla se casaron con hijos e hijas de familias negreras establecidas en Cuba y en Cádiz, y estuvieron asociadas con las empresas de Pedro Martínez y con las de Pedro Blanco. Y detalla el inventario *post mortem* de la fortuna de Vicente María de la Portilla en 1851.

La familia siguió comerciando tras su muerte con el nombre de la firma Viuda de Portilla de la que formaron parte sus hijos Antonio, José y Francisco y sus yernos Manuel Lloret y José Gómez, situados unos en Cádiz y otros en Veracruz y en la Habana, y comenzaron otras sociedades y negocios. La firma de Manuel Lloret y la de Viuda de Portilla hacían con sus barcos la ruta transatlántica del tasajo (carne de salazón) entre Cádiz, Matanzas, Buenos Aires y Mozambique. Los veleros salían de Cádiz con cargamento de vino, aceite y sal con destino a Cuba donde completaban la carga para dirigirse a Río de la Plata y allí tomaban tasajo, que era el principal alimento proteínico de los esclavos. Después cargaban negros en la costa oriental de África y volvían a Cuba. En ocasiones salían de Cádiz e iban directamente a Río de la Plata para ir a la costa de África y de allí a Cuba. Muchos comerciantes hacían la ruta negrera por la del tasajo pero la persecución británica era tan intensa que los negreros llevaron la trata a la costa oriental de África, en el hemisferio sur, donde los portugueses negociaban sin ningún tipo de prohibición. La Viuda de Portilla y Manuel Lloret hicieron también la trata por la ruta del tasajo, y en la década de los 60 estaban entre los esclavistas españoles más destacados, así como entre las casas productoras y exportadoras de vino del Puerto de Santa María.

Aunque la crisis económica de 1864 afectó mucho a Cádiz, según el cónsul inglés Alexander Dunlop, Cádiz se había convertido en «el centro europeo del comercio de esclavos». Ambas casas adeudaban 750.000 pesetas cada una al Banco de Cádiz por lo que decidieron hacer una expedición negrera por la ruta del tasajo con las fragatas *Duque de Tetuán* de 585 toneladas, propiedad de Manuel Lloret, y la *América*, de 600, de la Viuda de Portillo. La *América* fue detenida por los cruceros ingleses y la *Duque de Tetuán* volvió a Cádiz sin poder cargar negros, y ambas firmas se arruinaron.

Juan Madrazo era de Marrón, en el municipio de Ampuero. En 1799 ejercía el comercio en la Habana y tenía la goleta *Nuestra Señora del Carmen*, que mandaba Juan Antonio González. Su bergantín *Junta de Sevilla* está citado siete veces en *Voyages. The Trans-Atlantic Slave Trade Database* realizando expediciones a África entre 1815 y 1819 con un total de 1.616 esclavos. Fue dueño de varios ingenios azucareros, en los que introdujo molinos importados de Inglaterra movidos a vapor para llevar a cabo la zafra, y al mismo tiempo tuvo una intensa actividad negrera. Contaba con varios bergantines con los que transportó cerca de 4.000 esclavos antes de 1820 con una ganancia de 1,2 millones de pesos. Los ingleses apresaron cuatro de ellos entre 1809 y 1817.

De su goleta *Isabelita*, que hizo varios viajes a África entre 1816 y 1818 y de vuelta con 112 esclavos desde las costas de África en 1817, se incautó el *Sucessor*, un corsario con bandera de Colombia y fue llevada a la isla Amelia que estaba en el límite de la costa de Florida con la frontera de Estados Unidos. Durante la guerra con Inglaterra de 1812 los contrabandistas norteamericanos usaron la isla para comprar esclavos pues era la principal vía de entrada para la franja que va desde el sur de Georgia hasta el Mississippi con el distrito de Natchez, es decir, el primer gran espacio del algodón. El episodio de la *Isabelita* tuvo importantes ecos internacionales. En junio de 1817 el inglés McGregor y el venezolano Lino de Clemente con un grupo de aventureros que mandaba el negrero francés Louis Michel Aury proclamaron la República de Florida y vendieron *Isabelita* y su carga. Pero al amparo de la ley que prohibía la importación de esclavos a los Estados Unidos el ejército norteamericano ocupó la isla en diciembre de 1817. A comienzos de 1819, por el tratado Adams-Onís, España cedió la Florida a Estados Unidos.

En 1832 Juan Madrazo incorporó en sus negocios a Manuel González, un sobrino de Laredo, y en 1833 a otros dos sobrinos, Juan José Madrazo y Juan Saturnino Rascón. Juan Madrazo tuvo con frecuencia complicados litigios por estafa. Según Piqueras, «Madrazo es uno de los mayores comerciantes españoles de seres humanos de la época». Cuando murió en 1834 dejó en su testamento varias mandas para hacer obras benéficas en su pueblo.

Joaquín Gómez Hano de la Vega nació en Hazas de Cesto el 20 de septiembre de 1776 y llegó a Cuba en la primera mitad de la década de 1790. Se ignoran sus actividades en las dos primeras décadas del siglo pero en enero de 1818 era propietario del bergantín *Nuevo Pájaro* que trajo esclavos desde África; catorce meses después llegó la fragata *Cantabria*; en octubre de 1820 la fragata *Piedad*; y en diciembre de 1820, la goleta *Pájaro*, que transportaron en estos cuatro viajes 1.494 esclavos. El *Nuevo Pájaro* salió de Santander en 1819 para África y desembarcó 209 esclavos en Cuba, y en febrero de 1819 el bergantín *Timoleón* llevó a la Habana 268. Santander fue el punto de partida de diecisiete barcos negreros entre 1815 y 1820.

Joaquín Gómez se cuenta entre quienes solicitaban poderes absolutos para los Capitanes Generales, que concedió Fernando VII en 1825, y que se conservaron hasta 1881. Era íntimo de Miguel Tacón y siguió relacionado durante casi veinticinco años con los Capitanes Generales Dionisio Vives, Mariano Rocafort, Ignacio Ezpeleta y Leopoldo O'Donnell. Con su sobrino y socio José María Cagigal y la complicidad de Tacón hizo un activo tráfico de compra y venta de negros con el que llegó a controlar el mercado local. Era socio del famoso negrero malagueño Pedro Blanco y propietario de ingenios y de tierras, algunas lindantes con la mar que eran idóneas para hacer alijos de esclavos. Fue armador, consignatario y uno de los traficantes de esclavos más notables de su tiempo.

Gómez se opuso a la introducción de reformas políticas y administrativas en la isla y llegó a ser el mayor representante de los intereses de la administración colonial y de la nobleza peninsular. En 1846 un español arruinado por él le cegó arrojándole vitriolo a la cara. Dejó su inmenso patrimonio a sus sobrinos José María Cagigal y Rafael de Toca Gómez y Hano de la Vega.

Rafael de Toca Gómez también fue traficante de esclavos, propietario de grandes ingenios, de fincas urbanas y de minas de carbón en Inglaterra. Tuvo gran actividad política y puestos de responsabilidad en Cuba. A su muerte poseía 45.862.808 de reales en bienes localizados en Gran Bretaña.

Pedro Martínez Pérez de Terán nació el 2 de agosto de 1792 en Soto de Campóo de una familia muy humilde. Emigró a Cuba hacia 1808-1809, en 1817 mandaba la goleta *Dulcinea* a las costas de África, y tres años después era dueño de la goleta *San Salvador*. En 1823 vivía en la Habana, donde en ocho años puso las bases de su prosperidad; fue íntimo de Simón Pérez de Terán y de Pedro Blanco, con los que se había asociado para introducir esclavos y hacer otros negocios de exportación y de préstamos.

Para Gustau Nerín, que le consideraba gaditano, Pedro Martínez quizá nunca pisó África ni participó directamente en el comercio de esclavos, pero llegó a tener algunas de las factorías negreras españolas más grandes de la costa de África. Era naviero y a fines de 1830 su compañía Pedro Martínez & Co. contaba con una treintena de barcos que llevaban a las costas de África provisiones y otras mercancías como cocinas, cadenas y barriles destinadas al tráfico. Martínez mantuvo amplios contactos con otros negreros de Estados Unidos y de Brasil y con Pedro de Zulueta [1] en Londres, quien negociaba por cuenta suya. En 1831 se instaló en Cádiz, donde continuó la trata, entre otras actividades mercantiles, y donde falleció en 1856. Terence M. Hughes, autor de *Revelations of Spain in 1845, by an English Resident*, escribió en 1845 que

> este hombre ha llevado a cabo el comercio de carne humana desde su niñez, y ha obtenido por el vil tráfico 3.000.000 de dólares [...]. Ha establecido dos grandes casas comerciales en Cádiz y La Habana, comerciando bajo su propio nombre solo en Cádiz, y en la Habana bajo la firma de «Martínez y Compañía» y limitando sus

---

1. Los Zulueta fueron una extensa familia. El patriarca, Julián Zulueta y Amondo, llegó a Cuba en 1832 y en pocos años consiguió ser uno de los grandes negreros de Cuba y uno de los empresarios más ricos e influyentes de la Isla. Fue dueño de ingenios y plantaciones y de más de veinte buques; sus vapores transportaron 21.500 esclavos en 1859, y en 1861, 1105 negros desde Dahomey a Panamá en el vapor *Cicerón*. En las décadas de 1840 y 1850 Zulueta fue uno de los banqueros y agentes de los remunerativos negocios esclavistas de la reina madre María Cristina y de su marido el duque de Riánsares. Por influjo de esta fue nombrado marqués de Álava y senador vitalicio.

operaciones principalmente al comercio de transporte entre la costa de África, Brasil y las Indias Occidentales. Martínez es una persona muy común y de aspecto siniestro, en cuya frente las iniquidades de su profesión parecían empeorar y surcar. Está demacrado y encorvado [...]. La mayoría de los hombres aquí, en su mayor parte, no les gusta su sociedad. En la Habana, donde quitarse por completo la máscara conlleva mucho menos oprobio, don Pedro Martínez es un personaje bastante popular, y allí pasó gran parte de sus primeros días.

Hughes, que vivió siete años en España, le había conocido en Cádiz, así como a Antonio Vinent y a otros, pero comentaba que

el traficante de esclavos, supondrá usted, es una especie de bucanero, apático, temerario, fanfarrón, vulgar. Tan lejos de la verdad esta suposición ¡que los esclavistas de Cádiz son de los hombres más elegantes en España! Son los únicos comerciantes aventureros exitosos; sus ganancias son de muchos cientos por ciento, y les permiten vivir con refinamiento, magnificencia y esplendor.

También fue campurriano, y primo de Pedro Martínez Simón, Mauricio Pérez de Terán, nacido en Villar de Campóo el 22 de septiembre de 1805, el mayor de los cinco hijos de Juan Pérez de Terán. Llegó a Cuba muy joven y asociado con su primo Pedro hizo dinero con el tráfico de esclavos; fue armador y propietario de buques negreros y después plantador y encargado de proporcionar mano de obra en los ingenios. Posiblemente hermano de Simón fue Pastor Pérez de Terán (Villar de Campóo, 22 de abril de 1814), quien también emigró a Cuba en 1828 a los 14 años y estuvo encargado del establecimiento que la firma tenía en Matanzas. También sobrino de Pedro fue Cipriano López Martínez (Villar de Campóo, 11 de julio de 1809), el mayor de los cuatro hijos de Manuel López García de los Ríos y de Antonia Martínez Pérez, quien se dedicó al comercio y se encargó por algún tiempo de la sociedad Pedro Martínez y Cía. en Cuba. Otro sobrino, Gabriel López Martínez (Villar de Campóo, 19 de marzo de 1815), llegó a Cuba para reunirse con sus tíos Pedro y Simón y desde los 14 años participó en expediciones a la costa de África. En 1837 vivía en Cádiz, donde fue armador y naviero.

La empresa de Pedro Martínez llegó a tener hasta treinta buques entre goletas y bergantines, fragatas y corbetas, que empleaba en el tráfico de esclavos. Daba frecuentemente préstamos a capitanes y comerciantes para que organizaran expediciones negreras con la garantía hipotecaria del barco, y si estos créditos no podían ser atendidos el prestatario se quedaba con el barco y con la carga. El Gobierno de Cuba percibía de la empresa de Pedro Martínez medio doblón (8,5 pesos) por cada esclavo desembarcado, cantidad que se reflejaba en los documentos de la empresa como *Duty on Entrance* (Derechos de entrada). Cózar incluye un anuncio de aquella época que refleja muy adecuadamente los beneficios que podía aportar la trata: «El precio de los negros de primera talla y de edad de 20 a 30 años en las factorías de África es de 15 duros (75 pts.) a lo más y transportado a la isla de Cuba se compra por 400 duros (2.000 pts.)».

El abogado santanderino Gerónimo Roig de la Parra, otro hombre de confianza de Martínez, era procurador en la Habana y le representó muchas veces en los Tribunales; Gerónimo también era comerciante al por mayor y socio de la firma Pedro Martínez y Cía. desde su constitución en 1831. Y asociado también con Martínez en el tráfico de esclavos estuvo José Ignacio Torre, un comerciante montañés de Veracruz.

Otro hijo de familia humilde fue Ramón Herrera San Cibrián (Mortera, 2 de marzo de 1812-La Habana, 29 de junio de 1885), el futuro conde de Mortera, quien, cuando llegó a Cuba, fue dependiente y almacenero en la casa Pardo, Regelez y Cía. En 1850 comenzó a comerciar en Guantánamo y en 1860 ya tenía cuatro barcos, *Pájaro del Océano*, *Barcelona*, *Cuba* y *Moctezuma*, con los que transportó tropas a Santo Domingo durante el movimiento anexionista. En 1863 entró a formar parte de la Compañía General Cubana de Navegación a Vapor, y en 1885 fundó la Compañía de Vapores Correos y Transportes Militares conocida como Vapores Herrera. Durante la Guerra de los Diez Años donó 40.000 pesos al gobierno y de nuevo sus barcos prestaron servicios de transporte a las tropas; hizo lo mismo durante la guerra de la independencia cubana, y dio otros 40.000 pesos en oro.

También hijo de una familia de escasos posibles fue el albaceteño Alonso Jiménez Cantero, quien llegó a Cuba en 1831 y dos años más tarde tenía una modesta casa de préstamos a pequeña escala en La Habana. En pocos años la reinversión de las utilidades en el negocio y la asociación con la casa de comercio de Ramón Herrera San Cibrián permitieron la expansión de la empresa que en 1838 contaba con una representación en Matanzas. Como observa Bahamonde, «las actividades de los dos socios cubrirían una amplia gama, desde la financiación de expediciones negreras hasta el préstamo para la recogida de zafras a los propietarios de ingenios». La asociación entre Alonso Jiménez Cantero y Ramón Herrera se mantuvo hasta finales de los años 40, y Herrera reunió una considerable fortuna que le permitió la compra de ingenios y desarrollar una gran actividad como armador.

Ramón Herrera perteneció a la Unión Constitucional y fundó el Banco Español de la Habana; en 1870, Amadeo I le dio el título de Conde de Mortera, que confirmó Alfonso XII en 1876. Fue alcalde de la Habana, Senador y Comendador de la Orden de Isabel la Católica y de la de Carlos III, Gran Cruz del Mérito Militar y del Mérito Naval. Dejó 50.000 duros para construir una iglesia y unas escuelas en Mortera y en Liencres.

El futuro potentado Juan Manuel Manzanedo y González de la Teja nació en Santoña en 1803 de padres pobres, muy pobres, pero, como escribía Fernández Guerra, «hidalgos de ejecutoria (ganada ya desde el siglo XV)». En 1823 llegó a la Habana, estuvo como dependiente en un comercio y ya se había establecido en 1826. Tenía catorce años más que Antonio López y empezó antes que él sus negocios en Cuba. Se dedicó al tráfico marítimo y alrededor de 1836 compró la fragata *Manuelita* y otras embarcaciones para la trata. Piqueras cita numerosas ocasiones en las que sus barcos y los de sus socios hicieron viajes con negros desde la costa de África a Cuba, y que en algunas ocasiones fueron apresados por los cruceros ingleses.

Juan Manuel Manzanedo.

Según Bahamonde y Cayuela, su fortuna se basó en los préstamos de utillaje a propietarios de ingenios; los préstamos hipotecarios con un interés de 10 a 12%, superior al de la Península; la comercialización directa del azúcar (los préstamos se podrían amortizar en azúcar); y la financiación de expediciones negreras.

Como observa Piqueras:

> «Sobre las actividades concretas de Manzanedo en Cuba, al igual que sucede con Juan Güell, existe una espesa bruma en la que se confunden las noticias y la leyenda. La ausencia de precisión ha servido en varios momentos para exculpar a ambos —como incluso, absurdamente, se ha pretendido con Antonio López y López—. A propósito de eso, la biografía que le dedica el diccionario de la Real Academia de la Historia está plagado de falsedades y, desde luego, oculta que el origen de su riqueza fue la trata de esclavos».

Los grandes comerciantes y propietarios peninsulares y criollos solían invertir en España y en otros países parte de las ganancias generadas en Cuba por la mano de obra esclava. Pero Manzanedo, quien tenía en la isla una fortuna superior a 50 millones de reales y una situación de privilegio invirtió solamente en España y en la compra de edificios y solares en Madrid contribuyendo así a la transformación urbana de la capital.

La de Manzanedo fue una las grandes fortunas hechas con la trata de esclavos en Cuba, y la que tuvo una difusión pública más amplia. Se decía «rico como Manzanedo», y a su regreso de Cuba en 1845 amplió su caudal con negocios inmobiliarios, contratas para las fábricas de tabaco y otras empresas.

Era partidario del mantenimiento de unas relaciones de subordinación de Cuba a la Península basadas en el paternalismo y el clientelismo, y durante el Sexenio Democrático cuando se pensó en plantear reformas en Ultramar, entre ellas la abolición de la esclavitud, el partido negrero bloqueó los proyectos del gobierno y distribuyó dinero entre los periodistas para manipular la opinión pública. Formaban parte en Madrid y en Barcelona del grupo de presión política de la *sacarocracia*, el *slave power*, personajes como Juan Bautista Topete, Francisco Romero Robledo, el marqués de Comillas, su socio vizcaíno Manuel Calvo y Cánovas del Castillo. La revolución del 68 y el Grito de Yara (levantamiento armado de 1868, en Cuba, liderado por Carlos Manuel de Céspedes, que marcó el inicio de la Guerra de los Diez Años contra el colonialismo español, proclamando la independencia y liberando a sus esclavos) se llevaron pocas semanas, y en aquel año Manzanedo asumió en Madrid la defensa de los intereses cubanos. Se crearon por toda

España *Círculos Hispano Ultramarinos de ex-residentes en las Antillas* y la *Liga Nacional antiabolicionista*, hubo manifestaciones callejeras y campañas de prensa en España en los periódicos conservadores.

El primer partido político que asumió los planteamientos del partido negrero fue el moderado, que el 13 de diciembre de 1871 publicó el manifiesto «A los defensores de la integridad nacional en Cuba y Puerto Rico», en el que reproducía el lenguaje integrista en el que solo cabían patriotas defensores del *statu quo* colonial, sin reformas ni traidores. Lo firmaron 335 personalidades, entre ellas el marqués de Manzanedo. Imputaban la insurrección cubana a «la traición de españoles indignos» y ofrecía su apoyo al gobierno: «fraguando complicidades inexistentes, los derrotados de 1868 descalifican a los vencedores y hacen recaer en ellos el estigma de la traición».

En 1871, aprovechando los sangrientos sucesos de la *Commune* de París, los antirreformistas formaron una «Liga contra el filibusterismo y la Internacional», asociando así dos temas que eran totalmente independientes. El partido moderado, que estaba en la oposición entonces, ideó que existía una conspiración formada por los mismos que promovieron la revolución del 68 y la insurrección cubana; en enero de 1873 nació en Madrid la *Liga Defensora de la Integridad Nacional* que se enfrentaba a un gobierno reformista al que tildaba de traidor. Según Bahamonde, «en la polémica abolición-antiabolición subyace, pues, la solidaridad de los propietarios de toda índole que entienden la abolición como un atentado al derecho natural de propiedad». Pero tras la abdicación de Amadeo de Saboya y la proclamación de la República el 11 de febrero de 1873 no pudieron evitar que se decretara la libertad de los esclavos en Puerto Rico (22 de marzo de 1873).

En la práctica, los Centros Hispano-Ultramarinos llegaron a ser una especie de frente común de nobles de cuna, banqueros y propietarios ultramarinos peninsularistas partidarios de la Restauración alfonsina, una causa a la que Manzanedo contribuyó con una cantidad aproximada de 10 millones de reales. Isabel II le dio el título de marqués de Manzanedo en 1864 y Alfonso XII el de duque de Santoña con Grandeza de España.

En *Hacer las Américas* (1992), Bahamonde amplía lo escrito en 1987 acerca del patrimonio de Manzanedo en 1879, con la aportación de nuevos datos procedentes de material de archivo y de cuadros gráficos sobre su patrimonio urbano en Madrid, el rústico y las obras destacables de su pinacoteca. Aunque no queda documentación notarial que indique que Manzanedo

Captura de la fragata negrera española Velos Passahera *por el buque británico* Primrose, *el 6 de septiembre de 1830, cerca de Benín.*

REPRESENTATION of an INSURRECTION
on board
A SLAVE-SHIP.

Shewing how the crew fire upon the unhappy Slaves from behind the BARRICADO, *erected on board all Slave ships, as a security whenever such commotions may happen.*

See the privy councils report part I. Art: SLAVES.
Minutes of evidence before the House of Commons.
Wadstrom's Essay on Colonization §. 471.

Represión de un motín a bordo de un barco de esclavos en 1787.

Grupo de hombres y mujeres tomados como esclavos.

Liberación, por el buque británico HMS Daphne, *de africanos esclavizados en 1868.*

fuera propietario de haciendas e ingenios en Cuba, no existe ninguna duda de que su patrimonio tuvo origen y se amplió dentro de una red de relaciones que emanaban del sistema esclavista. La base de su fortuna está en: a) préstamos de utillaje a propietarios de ingenios azucareros, b) préstamos hipotecarios con un interés de 10 a 12%, superior al de la Península, c) comercialización directa del azúcar (los préstamos se podrían amortizar en azúcar); d) financiación de expediciones negreras. Manzanedo tenía en Cuba una fortuna superior a 50 millones de reales y una situación de privilegio político.

Desde 1845 mantuvo casa de comercio en Madrid, asociado con otros comerciantes españoles y extranjeros, negoció en banca, en tabaco, en bienes inmuebles urbanos en Madrid, y en ferrocarriles, y fue promotor y presidente del de Alar-Santander, que llegaba hasta los muelles de Maliaño, también propiedad suya. Compró en Madrid un magnífico palacio en la calle del Príncipe que restauró y decoró lujosamente, y que inauguró en 1876 con un baile al que asistió Alfonso XII. Su fortuna en 1879 era de 170.000 millones de reales. Era el más rico de España.

Como observa Bahamonde:

Por estas fechas había sido nuevamente ennoblecido con el ducado de Santoña convirtiéndose el viejo esclavista en grande de España. El poder del dinero permite, por tanto, transformar en rancio un cercano abolengo, a través de las formas suntuarias y de la imagen que estas proyectan. Así, el palacio de la calle Príncipe cierra el ciclo iniciado en Cuba que sirve para incorporar a Manzanedo a una élite que intenta reproducir en sus pautas de comportamiento determinados valores nobiliarios.

Con motivo de la inauguración del Instituto de Santoña donado para la educación gratuita de sus jóvenes paisanos hubo una gran fiesta en la que se encargó a Aureliano Fernández Guerra que escribiera un libro conmemorativo, *El libro de Santoña* (1872). Ni que decir tiene que don Aureliano puso por las nubes las virtudes religiosas y patrióticas del marqués de Manzanedo, aquel gran benefactor y empresario, sin mencionar los turbios orígenes de su fortuna. Manzanedo representaría el tipo del indiano clásico: procede de una zona marítima, es de origen humilde y espíritu aventurero, marcha a «hacer las Américas» y se enriquece. Una vez logradas posición social y patrimonio regresa a España, donde es aclamado como benefactor de su pueblo de origen.

El comillano Antonio López y López Ruiz del Piélago y Lamadrid nació el 12 de abril de 1817, quedó

Antonio López y López, primer marqués de Comillas.

huérfano de padre apenas cumplidos los seis años y, según Regatillo, «su madre vivía en tanta pobreza, que se la veía llamar a las puertas de la familia Trassierra…, implorando un poco de sopa». Papásogli añadía que «otra familia pudiente, los Fernández de Castro, la proveían de ropas ya usadas para que pudiera vestir a sus niños». Antonio emigró a Lebrija donde trabajó cierto tiempo en la tienda de su prima Rosario Fernández Pasos, pero regresó a Comillas desde donde huyó a Cuba oculto en uno de los veleros de Ignacio Fernández de Castro por «un oscuro suceso», no esclarecido todavía, de haber matado a un hombre en una revuelta callejera. Doña Carmen Fernández de Castro relata en «La familia Fernández de Castro», que

estando en Comillas [D. Ignacio Fernández de Castro] tuvo ocasión de salvar en un momento muy difícil de su vida a un mozo, marinero, llamado Antonio López. Perseguido por la justicia, acudió el muchacho a don Ignacio, que le conocía desde niño por ser su madre lavandera de la casa, y muy apreciada por los señores, confiándole sinceramente el peligro en que se veía. D. Ignacio que sabía muy bien que era bueno el mozo, mandó enganchar en el acto su coche y montando en él con Antonio, salió a toda prisa camino de Santander, donde una de sus fragatas estaba a punto de zarpar para Cuba. Presentó el mozo al capitán, encargándole con gran empeño que lo tuviese bien escondido hasta salir de las aguas jurisdiccionales y que lo llevase a América.

Pero según el testimonio de uno de sus descendientes, el joven Antonio López marchó primeramente a México para evitar hacer el servicio militar, y lo hizo en un buque de los hermanos Fernández de Castro.

Llegó a la Habana hacia 1838, estuvo empleado en un comercio, y en 1842 abrió un baratillo de tejidos en Santiago de Cuba, una ciudad preferida por los emigrantes montañeses y catalanes. Tuvo después tres tiendas de lo mismo, llamó a su hermano Claudio, y le asoció a sus negocios. Entre 1842 y 1847 formó una sociedad mercantil con Claudio y con el asturiano Domingo Antonio Valdés, de quien recibió varios préstamos. En 1846 comenzó a comprar en Santiago esclavos criollos (nacidos en América), no bozales (nacidos en África), para su traslado y venta en otras partes de la isla donde se pagaban mejor. Al año siguiente continuó el negocio con la nueva compañía Valdés y López, y en 1848 constituyó otra en la que, además de continuar con la tienda de ropa, era intermediaria en la compra y venta de negros. López se entendía con los capitanes negreros que traían clandestinamente esclavos a los alrededores de Santiago y los enviaba a la Habana y a otros puntos de la isla donde los revendía con más o menos ganancia pero siempre muy alta. Tras la disolución de esa sociedad en 1849, formó la de Antonio López y Hermanos junto con Claudio y con Patricio Satrústegui, que se liquidó en 1853, y en la que, además de comerciar con tejidos, fueron consignatarios de expediciones a África e invirtieron en la compra y venta de esclavos y de ingenios y cafetales.

Antonio se casó en Cuba con Luisa Bru Lassús[2], la hija del comerciante Andrés Bru y Punyet, un catalán de Torredembarra que había hecho dinero en Santiago, y era prestamista, dueño de un comercio y propietario de casas.

Como afirma Rodrigo:

---

2. En su libro *Els Güell. La historia de una de les famílies més influents a Catalunya els últims dos segles* (2016), Andreu Farrás maneja datos facilitados por la familia Güell y dedica bastante atención y aporta nuevos datos sobre el futuro marqués. Un nieto de esta señora contó a Andreu Farrás una graciosa anécdota: Luisa Bru, hija de catalán y de criolla, era una fumadora empedernida de habanos en aquellos tiempos en que las señoras no fumaban. «Aparte de pasarse la vida meciéndose entre balancines y ayudada por bonachonas negritas que le ayudaban a mantenerse apegada a las tradiciones de la Gran Antilla, una de las tradiciones más arraigada en mi abuela consistía en fumar cigarros puros, no menos de cuatro al día, excepto en Semana Santa» (2016: 56).

No cabe duda que, tras su boda con Luisa Bru, a Antonio López le cambió por completo la vida. El salto que dieron entonces sus negocios en Cuba fue tan notable como rápido. López actuaba secundado activamente por su hermano Claudio, así como su nuevo socio Patricio Satrústegui y su primo segundo José Gayón [3].

Como la mayoría de la burguesía cubana, López y su suegro financiaron expediciones negreras, fueron armadores, vendedores y compradores de esclavos dentro de la isla y propietarios de ingenios azucareros. Compraron a bajo precio numerosas fincas durante las primeras revueltas independentistas que después vendieron a los norteamericanos. Esto y la trata de negros fueron las fuentes de riqueza de Antonio López.

En el capítulo «Un Magnat o un canalla» escribe Farrás que sobre el origen del enorme patrimonio de Antonio López hay dos versiones opuestas: una es *«absolutament enlluernadora i l'altra totalment sinistra»* [absolutamente deslumbrante y la otra totalmente siniestra]. La primera es la que han dado a conocer familiares, admiradores y amigos, y la segunda es principalmente la difundida por el libro de Pancho Bru,

---

3. Era entonces arzobispo de Santiago de Cuba Antonio María Claret, quien visitaba con frecuencia a los López «para almorzar en familia» (2021: 90).

en el que aparece como un canalla sin escrúpulos, «un hombre feroz, un verdadero tigre», lleno de «despotismo, insolencia y desprecio hacia los inferiores [...] con un gusto ilimitado por la ostentación de la opulencia».

Tras haber acumulado suficiente dinero en Cuba Antonio regresó a la Península en 1853, y al año siguiente lo hizo su hermano Claudio. En enero de 1857, se constituyó en Madrid la naviera A. López y Cía., con buques de vapor, que luego pasó a llamarse Compañía Transatlántica. De los seis socios fundadores, tres se habían enriquecido en Santiago de Cuba junto a Antonio López: su hermano Claudio, Patricio Satrústegui y Joaquín Eizaguirre. Los otros dos eran Carlos Eizaguirre y Joaquín Marco Satrústegui, y su representante en Santander era Ángel Bernardo Pérez.

El ingeniero Patricio Satrústegui Bris (San Sebastián, 1823-1888) era un industrial y naviero que fue consignatario de López en la Habana y cofundador de la Compañía López y Cía. en 1854 en Alicante; estuvo más tarde al frente de los negocios en Cádiz, hasta 1876, y reunió una importante fortuna[4], y Joaquín Vicente Eizaguirre Bailly (1812-1887)

---

4. Joseba Aguirreazcuenaga (2012) niega que Satrústegui tuviera nada que ver con el tráfico negrero.

fue amigo y socio de Antonio López. Otro cofundador de la naviera Antonio López y López y socio en
otras empresas fue el vizcaíno de Portugalete, Manuel
Calvo, encargado de los negocios de López en Cuba.
Desde 1856, Manuel Calvo comenzó a comprar ingenios azucareros y fincas en Cuba, fue otro de los
fundadores del Banco Hispano Colonial, y cuando
murió sin descendencia legó sus bienes a Claudio
López Bru, el hijo de su socio.

Ángel B. Pérez había nacido en Ruiloba y repre-
sentaba en Cienfuegos a Antonio y a Claudio López.
El 30 de noviembre de 1848 Claudio otorgaba poderes «a favor de D. Ángel Bernardo Pérez, vecino y del
comercio de Cienfuegos, para que venda allí o en cua-
lesquiera otros puntos de la isla, todos los siervos que
con tal carácter le remita, por los precios y plazos que
privadamente le vaya comunicando». En febrero de
1849, confirmaba esos poderes a nombre de la firma
Valdés y López a favor de Ángel Bernardo Pérez «para
que le venda todos los negros que con tal carácter le
ha mandado y le remitiere en lo sucesivo». En los ar-
chivos del notario Soler y Reguelferos de Santiago de
Cuba existe un poder otorgado por Claudio López,
el hermano de Antonio, a «D. Ángel Bernardo Pérez,
*a trader resident in Cienfuegos, to sell there or elsewhere
on the Island [of Cuba] any slaves dispatched to him for*

such purpose, at prices according to terms that will be notified to him privately [... un comerciante residente en Cienfuegos, para vender allí o en cualquier otro lugar de la Isla los esclavos que le sean enviados para tal fin, a precios según los términos que le serán notificados en privado]». Otros documentos notariales muestran numerosas ventas de gran cantidad de esclavos «a uso de feria» realizadas por Ángel B. Pérez en representación de los hermanos López y de otros.

Estas ganancias le permitieron regresar en 1853 a Santander, donde fundó la naviera Pérez y Cía. junto con el también indiano montañés José García Álvaro para importar bacalao y madera de Noruega y exportar trigo y harina[5]. Ángel Pérez fue después un destacado miembro de la burguesía santanderina, concejal, diputado, del consejo de administración del Banco de España y agente de la Compañía de Tabacos de Filipinas.

Desde fines de 1838 aumentó el uso de barcos de vapor que ofrecían más velocidad y facilidad de maniobra que los veleros; el *General Armero* que lle-

---

5. Su hijo Ángel Federico Pérez Eizaguirre escribió *Historia de la sociedad Pérez y Cía.* (1944), en la que hace la historia de la compañía fundada en 1853 por su padre y por José García con el nombre Pérez y García en la que no hay referencias a actividades anteriores a esa fecha.

vaba el nombre de Francisco Armero Peña, comandante general entonces del apostadero de la Habana, fue el primer buque de hélice de los hermanos López, y el primero de la marina mercante española. Sus vapores *Guadalquivir* y *Cárdenas* remitían los esclavos desde Santiago a diferentes ciudades de la isla, y Rodrigo destaca «la intensa dedicación de los hermanos López a la compraventa de esclavos (desde al menos 1846), así como a la trata ilegal de estos». Los hermanos López establecieron un servicio de buques entre Guantánamo y Santiago de Cuba, y en 1857 formaron la sociedad Antonio López y Compañía, propietaria de una línea regular de vapores desde Alicante a varios puertos del Mediterráneo.

Durante la guerra de África de 1859-1860, en la anexión de Santo Domingo (1863-1865), las de Cuba de 1868-1878 y 1880-1881, Antonio López obtuvo grandes beneficios con el transporte de tropas y de correo en sus vapores y con la aportación del crédito concedido en 1876 al gobierno español por el Banco Hispano Colonial garantizados por los ingresos de las Aduanas de Cuba. En 1881, su empresa naviera cambió de nombre al de Compañía Transatlántica Española.

Antonio López presidía el Banco Hispano Colonial, el Banco de Crédito Mercantil, la Compañía

General de Tabacos de Filipinas y la Compañía Transatlántica Española, y era vicepresidente de la Compañía de Caminos de Hierro del Norte de España. Tenía grandes fincas rústicas e hizo construir los Astilleros de Matagorda en Cádiz. Alfonso XII le nombró marqués de Comillas en 1878 y, en 1881, Grande de España. Fue «*un dels homes mes idolatrats de la burguesía catalana durant la segona meitat del segle XIX* [uno de los hombres más idolatrados de la burguesía catalana durante la segunda mitad del siglo XIX]». Rodrigo, Farrás y otros biógrafos destacan la búsqueda de prestigio, el cuidado de las apariencias y el afán de lujo del marqués de Comillas, quien buscó siempre la admiración de sus contemporáneos.

Su hijo y sucesor Claudio López Bru contrajo matrimonio con María Luisa Gayón Barrié, ahijada de los primeros marqueses de Comillas, sobrina de Patricio Satrústegui, e hija de Andrés Fernández Gayón, antiguo socio del viejo marqués desde los tiempos de Cuba. Fue Dama de Honor de la Reina.

Claudio López y López continuó asociado con su hermano Antonio y a su regreso a España en 1854 se casó con Benita Díaz Quijano. Su hijo Santiago ostentó el título pontificio de Marqués de Casa Quijano y el otro, Eusebio López y Díaz Quijano, el de Marqués de Lamadrid.

Estrechamente relacionado con Antonio López estuvo Joan Güell i Ferrer, nacido en Torredembarra en 1800, otro esclavista indiano y promotor de empresas en Barcelona. El libro *Els Güell. La historia de una de les famílies més influents a Catalunya els últims dos segles* (2016), de Andreu Farrás, en una elegante edición en buen papel, con fotografías y en tapa dura, posiblemente pagado por esta familia, cae dentro del grupo de obras destinadas a esclarecer el buen nombre de los fundadores y a ensalzar el triunfo económico, político y social de sus descendientes. Ya dice el título de este libro que quiere explicar la historia de «una de las familias más influyentes en Cataluña en los últimos dos siglos».

Joan Güell entró como dependiente en una casa comercial de la Habana hasta ganar lo suficiente para instalarse por su cuenta cuando contaba con dos mil duros, más otros ocho mil aportados por sus socios *«que creien en la seua capacitat de treball* [que creían en su capacidad de trabajo]». Consiguió el monopolio de las mercancías que llegaban al puerto de la Habana durante cuatro o cinco años, lo que le permitió amasar una fortuna, y en 1835 volvió a Cataluña después de liquidar sus negocios en Cuba. Tenía entonces 35 años y tras de hacer algunos viajes por Europa, contrajo matrimonio con Francisca Bacigalupi, hija de un banquero genovés de Barcelona. Cuando esta muere de sobreparto del hijo Eusebi, se casa con su cuñada, quien también fallece, tras haber dado a luz una hija. Joan heredó la fortuna de las dos hermanas, compró en Inglaterra máquinas para fabricar tejidos de pana en España, pues antes se importaba, y constituyó una sociedad con Domènec Ramis y con otros.

Su hijo «Eusebi Güell Bacigalupi, el Magnanim» se casó con Isabel López Bru, la hija mayor del primer marqués de Comillas; nacida en Santiago de Cuba en 1851, «*on els seus pares havien amassat una fortuna gracies sobre tot al comerc transatlantic i les finances, i utilizant metodes no sempre etics, segons alguns testimonis familiars* [donde sus padres habían amasado una fortuna gracias sobre todo al comercio transatlántico y las finanzas, y utilizando métodos no siempre éticos, según algunos testimonios familiares]», dando comienzo así a la asociación comercial y matrimonial de los Güell y de los López a lo largo de generaciones.

Antonio López falleció en Barcelona el 16 de enero de 1883 de un derrame cerebral, y su muerte dio lugar a un gran duelo público, alabanzas en la prensa y la decisión de alzarle un monumento. Su inauguración el 13 de septiembre de 1884 y el libro *Homenaje de la ciudad de Barcelona al Excelentísimo*

Sr. D. Antonio López y López, donde se recogían las múltiples crónicas que diferentes medios habían publicado loando su figura, llevó a su cuñado Pancho Bru a publicar en 1885 *La verdadera vida de Antonio López y López por su cuñado Francisco Bru*, publicado dos años después de la muerte del marqués, en el que le acusaba de haber mentido y engañado a su suegro y de aprovecharse de su credulidad, y de que debía su inmensa riqueza a la compraventa de negros en gran escala. «Son estas páginas un justo castigo a la orgullosa insolencia, a la necia fatuidad, a los perversos sentimientos de su familia y principalmente de su hijo y continuador, mi sobrino Claudio».

Antonio López creó la mayor corporación empresarial del siglo XIX; su capacidad para negociar con el Estado ventajosas contratas de transporte de tropas y pertrechos durante las guerras coloniales, y de tabaco y de correo en sus vapores aumentó su fortuna y la posibilidad de acceder a la banca, los ferrocarriles y la especulación inmobiliaria. Fue como pocos el paradigma del hombre hecho a sí mismo. Su origen humilde, su marcha muy joven a Cuba y su capacidad para regresar a la metrópoli con el capital suficiente para iniciar una fecunda actividad empresarial le hicieron aparecer ante sus contemporáneos como un ejemplo a seguir.

En 2021, el profesor Martín Rodrigo, autor de numerosos trabajos sobre el marqués de Comillas, dio a la imprenta *Un hombre de mil negocios. La controvertida historia de Antonio López, marqués de Comillas* (2021), un libro en el que se propuso «ofrecer un relato eminentemente cronológico en torno a la vida del primer marqués de Comillas, o sea, una narración en la que repasaré los hitos fundamentales de su vida tal como se fueron produciendo». Esta puesta al día se publicó tras haberse retirado la estatua alzada en Barcelona al primer marqués de Comillas por decisión de la alcaldesa Ada Colau en marzo de 2018, que renovó la controversia entre los que le consideraban un hombre de negocios excepcional y bienhechor de Barcelona y quienes le vieron como uno de los grandes negreros de su tiempo. Y en este sentido aparecieron en la prensa de Madrid y en la de Barcelona numerosos artículos en defensa de ambas opiniones; una polémica que Rodrigo estudia en detalle. En este libro confirma, modifica, aporta datos y ofrece

un relato eminentemente cronológico en torno a la vida del primer marqués de Comillas […]. Pienso hacerlo desde el rigor y más allá de los debates ideológicos o de controversias de uno u otro signo. Unas polémicas, eso sí, que me han llevado a la conclusión de que resulta necesaria una nueva biografía de Antonio López y López […]. Mi deseo no es otro que intentar dar cumplida respuesta a una sola pregunta: ¿quién fue, en definitiva, Antonio López y López, primer marqués de Comillas.

*

A pesar de estar prohibido desde 1820, el comercio transatlántico de esclavos continuó mientras fue posible y, entre 1850 y 1866, Cuba fue el mayor receptor de negros hasta 1886 en que el Real Decreto del 7 de octubre abolió la esclavitud en la isla. A mediados de los años 20, la isla tenía la economía de crecimiento más rápido en el Caribe, era un importante exportador de productos agrícolas, principalmente azúcar, café y tabaco, y un importador de mano de obra esclava africana. Pero a lo largo de casi todo el siglo el gran negocio fue la trata de esclavos; y entre 1856 y 1867 el tráfico proporcionó un promedio de beneficios del 91 por ciento. José Antonio Piqueras calcula que el número de embarcaciones que participaron en la trata clandestina española, por la proporción que puede establecerse entre navíos capturados y viajes realizados superó los 2.000 y pudo acercarse a los 2.500. Multiplíquese el número por la marinería precisa para tripularlos, de 20 a 50 por barco, los capitanes y pilotos, los comerciantes que corresponden a esas cifras, la industria necesaria para el mantenimiento de esos barcos y las decenas de miles de personas involucradas en la trata.

Aunque hasta el siglo XIX, los españoles no participaron en la trata de esclavos o lo hicieron en un lugar bastante secundario, hubo concesionarios españoles de licencias y asentistas negreros desde el siglo XVI, y a partir de 1809 la trata tuvo como actores principales a los españoles, autores del traslado de casi un millón de personas esclavizadas desde África al Caribe, una migración forzada bajo la regulación y la protección del Reino de España, hasta 1866.

Después de los catalanes, los montañeses fueron el grupo peninsular más numeroso establecido en el comercio en Cuba y tuvieron tantas cosas en común con los nacidos en otras partes de España que «hicieron la América» que es posible sacar conclusiones de carácter general aplicables a todos ellos.

Protegidos por los Capitanes Generales, los negreros hicieron suya la patriótica causa del integrismo y cuando se plantearon reformas que afectaron sus intereses, entre ellas la abolición de la esclavitud, bloquearon los proyectos del gobierno y distribuyeron dinero entre los periodistas para que manipularan a la opinión pública. El Gobierno español amparó la trata y la explotación ilegal de esclavos en los ingenios azucareros tanto por los enormes beneficios que la exportación de azúcar daba a la Corona como por la vinculación con el negocio de la reina madre María Cristina frente a todo intento de hacer cumplir en Cuba los acuerdos internacionales y la legislación española de represión de la trata.

Los hombres de negocios y los propietarios cubanos acumularon enormes fortunas en comparación con las alcanzadas por los peninsulares. Tenían una mentalidad formada en una economía tan dinámica, abierta e internacional como era la de Cuba. Varios de ellos conocieron en Estados Unidos e Inglaterra los nuevos adelantos técnicos e industriales, se relacionaron con empresas financieras y navieras y algunos colocaron parte de sus fondos en otros países. No se veían a sí mismos como traficantes de seres humanos, sino como hombres de negocios triunfadores en una época que ensalzaba esas cualidades; nunca había existido en España un grupo a la vez tan numeroso de comerciantes y hombres de mar internacionalizados. Y en España invirtieron sus capitales en sectores económicos «nuevos» de la industria y el transporte o la transformación de la ciudad.

Los comerciantes y hacendados peninsulares ayudaron al Gobierno con préstamos, con sus barcos en tiempos de guerra y con su apoyo financiero a la

Restauración Alfonsina. En su artículo «La reina, los esclavos y Cuba», Piqueras destaca la enorme cantidad de títulos nobiliarios, incluso con Grandeza de España, y de condecoraciones, altos cargos honoríficos, palatinos y en el gobierno, otorgadas principalmente por Isabel II y por Alfonso XII para recompensar los servicios prestados por quienes se habían enriquecido con el tráfico de negros y con las plantaciones esclavistas de caña de azúcar. Da los nombres de muchos de ellos, y de las relaciones que mantuvieron unos con otros tanto por paisanaje y por casamientos endogámicos como por razones de negocio. Al enriquecimiento de algunos contribuyó el haber sido socios o agentes de la Corona, en especial de la Reina Madre y de su esposo el duque de Riánsares.

Piqueras nota que la palabra *negrero* «se hizo incómoda a quienes habían levantado su patrimonio mediante prácticas que la humanidad y la moral reprobaban, aunque la buena sociedad prefiriera simular ignorancia y los acogiera en su seno, recibiendo a sus vástagos en familias de alta alcurnia a las que aportaban saneados caudales» y Bahamonde explica que «[el] poder del dinero permite transformar en rancio un cercano abolengo, a través de las formas suntuarias y de la imagen que estas proyectan, y la élite que ejerce su dominio en la España de la Restauración intenta reproducir en sus pautas de comportamiento y de consumo suntuario determinados valores nobiliarios». De ejemplos de este proceso de encumbramiento social servirían la construcción de mansiones suntuosas como el palacio de Manzanedo en Madrid, y los retratos de los traficantes, de sus esposas y sus hijas, pintados por Madrazo y por otros renombrados pintores. Las biografías, y las necrologías, de los antiguos negreros escritas después de haberse establecido como personajes respetables, influyentes, ennoblecidos y millonarios los presentan como triunfadores hombres de negocios, generosos patriotas y piadosos bienhechores, como modelos que personifican para sus paisanos, el triunfo económico y el reconocimiento social.

El acuerdo hispano-norteamericano de 1 de enero de 1899, que dio fin a la guerra, garantizó las personas y las propiedades de los peninsulares así como la nacionalidad de quienes optaron por conservarla y la capacidad de trasmitirla a los hijos nacidos en la isla. La repatriación de capitales a España a finales del siglo ascendió a unos dos mil millones de pesetas oro y tanto el gobierno español como el de la República de Cuba favorecieron la llegada de nuevos emigrantes españoles. En 1900 se publicaban en Cuba los periódicos *Ecos de la Montaña* y *El Eco Montañés* fundados por el periodista montañés Ezequiel Iturralde González y en

1915 la revista *La Montaña*. En palabras de José Antonio Piqueras, los negreros españoles

> [h]icieron caer tronos y elevaron a reyes, compraron voluntades de poderosos y de humildes, torcieron la voluntad del Parlamento y del Gobierno, despidieron capitanes generales y burlaron las leyes cuantas veces quisieron. Y legaron una cierta intransigencia y una idea perversa de integridad nacional que servía para ocultar sus intereses particulares. Así durante casi un siglo, desde 1811 en que se manifestaron por vez primera hasta 1898.

BIBLIOGRAFÍA

AGUIRREAZCUENAGA, Joseba (2012), «La trayectoria biográfica de Joaquín Marcos Satrústegui Bris», *Anuario Memoria y Civilización*. Vol. 15: Estudios en homenaje al profesor Ignacio Olábarri Gortázar, pp. 71-79. https://doi.org/10.15581/001.15.1715.

ALONSO ÁLVAREZ, Luis (1994), «Comercio exterior y formación de capital financiero: el tráfico de negros hispano-cubano, 1821-1868», *Estudios americanos*, vol. 51, nº 2, pp. 75-92.

ARAMBURU ZAVALA-HIGUERA, Miguel Ángel (2018), «La imagen de Antonio López, primer marqués de Comillas», *Estudios de Patrimonio*, nº 1, pp. 13-68.

BAHAMONDE, Ángel y CAYUELA, José (1987), «Trasvase de capitales antillanos y estrategias inversoras: la fortuna del marqués de Manzanedo (1823-1882)», *Revista Internacional de Sociología*, vol. 1, pp. 125-148.

BAHAMONDE, Ángel y CAYUELA, José (1988), «Entre la Habana, París y Madrid: Intereses antillanos y trasvase de capitales de María Cristina de Borbón y el duque de Riánsares (1835-1873)», *Estudios de Historia Social*, nº 44-47, pp. 635-649.

BAHAMONDE, Ángel y CAYUELA, José (1991), «La creación de nobleza en Cuba durante el siglo XIX» en *Historia Social*, nº 11, pp. 57-82.

BAHAMONDE, Ángel y CAYUELA, José (1992), *Hacer las Américas: las élites coloniales españolas en el siglo XIX*, Madrid, Alianza.

BARCIA, Manuel (2016), «"Fully capable of any enquiry". The Atlantic Human Trafficking Network of the Zangróniz Family», *The Americas*, vol. 73, pp. 303-324. https://doi.org/10.1017/tam.2016.63

BARCIA ZEQUEIRA, María Carmen (1988), «Táctica y estrategia de la burguesía esclavista de Cuba ante la abolición de la esclavitud», *Estudios de Historia Social*, nº 44-47, pp. 137-148.

BARCIA ZEQUEIRA, María Carmen (2018), *Pedro Blanco el Negrero. Mito, realidad y espacios*, La Habana, Ediciones Boloña.

BARREDA, Fernando (1950), «Los últimos corsarios armados en Santander (1797-1825)», *Boletín de la Biblioteca Menéndez Pelayo*, vol. XXVI, nº 1, pp. 25-61.

BARREDA, Fernando (1953), «La trata desde el puerto de Santander», *Boletín de la Biblioteca Menéndez Pelayo*, XXIX, pp. 5-22.

BARREDA, Fernando (1957), «Don Antonio López y López, primer Marqués de Comillas», en VV. AA., *Banco de Santander 1857-1957. Aportación a la historia económica de la Montaña*, Santander, pp. 839-846.

BRU, Francisco (1885), *La verdadera vida de Antonio López López por su cuñado Francisco Bru*, Barcelona, Tipografía de Leodegario Obradors.

CAYUELA FERNÁNDEZ, José Gregorio (1988), «Los Capitanes Generales de Cuba ante la cuestión de la abolición», en *Actas del Coloquio Internacional sobre abolición de la esclavitud* (diciembre, 1986), Madrid, pp. 415-454.

CAYUELA FERNÁNDEZ, José Gregorio (1990), «Los Capitanes Generales ante la cuestión de la abolición (1854-1863)», en *Esclavitud y derechos humanos. La Lucha por la libertad del negro en el siglo XIX*, Madrid, CSIC pp. 415-453

CAYUELA FERNÁNDEZ, José Gregorio (1996), «Los Capitanes Generales de Cuba: élites coloniales y élites metropolitanas (1823-1898)», *Historia contemporánea*, nº 13-14, pp. 197-222.

CEPERO BONILLA, Manuel (1976), *Azúcar y abolición*, Barcelona, Ed. Crítica.

CHAVIANO PÉREZ, Lizbeth (2018), «Cádiz capital de la trata negrera (1789-1866)», en Rodrigo, Martín y María del Carmen Cózar Navarro (eds.), *Cádiz y el tráfico de esclavos. De la legalidad a la clandestinidad*, Madrid, Sílex.

CÓZAR NAVARRO, María del Carmen (1999), *Ignacio Fernández de Castro. Una empresa naviera gaditana en el siglo XIX*, Cádiz, Servicio de Publicaciones de la Universidad de Cádiz.

CÓZAR NAVARRO, María del Carmen (2003), «El tejido empresarial en la ciudad de Cádiz, 1830 a 1869», *Revista de Estudios Regionales*, nº 67, pp. 139-166.

Cózar Navarro María del Carmen (2007), «La actividad comercial en la bahía de Cádiz durante el reinado de Isabel II», *TST Transportes, Servicios y Telecomunicaciones*, nº 13, pp. 34-60.

Cózar Navarro, María del Carmen (2011), «Montañeses en la bahía gaditana», *ASCAGEN*, nº 6, pp. 79-91.

Cózar Navarro María del Carmen (2020), *La Orca del Atlántico. Pedro Martínez y su clan en la trata de esclavos (1817-1867)*, Madrid, Silex.

Cózar Navarro, María del Carmen (2022), «El legado de la casa de comercio de Vicente María de la Portilla», en Martín Rodrigo (ed.), *Del olvido a la memoria*, Barcelona, Icaria, pp. 177-195. *Elenco de Grandezas y Títulos Nobiliarios en España* (2010), Instituto Salazar y Castro, Madrid, CISC.

Espadas Burgos, Manuel (1975), *Alfonso XII y los orígenes de la Restauración*, Madrid, CSIC.

Faes Díaz, Enrique (2009), «El Marqués de Comillas: un banquero camino del altar», *Historia Social*, no 64, pp. 121-138.

Farrás, Andreu (2016), *Els Güell. La historia de una de les famílies més influents a Catalunya els últims dos segles*, Barcelona, Edicions 62.

Fernández Guerra, Aureliano (1872), *El libro de Santoña*, Madrid, Tello.

Fradera, Josep M. y Schmidt-Nowara, Christopher (eds.) (2013), *Slavery and Antislavery in Spain's Atlantic Empire*, New York, Berghahn Books.

García Álvarez, Alejandro y Zanetti Lecuona, Óscar (1988), «Los ferrocarriles cubanos en vísperas de la independencia: el proceso de desnacionalización» en *España y Cuba en el siglo XIX. Estudios de Historia Social*, nº 44-47. Madrid, pp. 517-538.

García, Edu (2017), «Antonio López y López, el monumento y el libro de su cuñado», Passeig de Gracia, 6 de junio de 2017. http://www.paseodegracia.com/historia/antonio-lopez-y-lopezel-monumento-y-el-libro-de-su-cunado/

García Cantús, María Dolores (2006), *Fernando Poo: una aventura colonial española*, Barcelona, CEIBA.

García Castañeda, Salvador (2017), «Del Atlántico al Caribe: Aventuras y desventuras del marino montañés José Manuel Echeverri (1825-1879), autor de *El capitán negrero*», *Altamira*, nº 88, pp. 185-232.

García Castañeda, Salvador (2022), *El capitán negrero o historia de un viaje a la trata de esclavos*, Santander, Centro de Estudios Montañeses.

García Castañeda, Salvador (2023), «Los montañeses y la trata de negros en Cuba», *Cuadernos de Ilustración y Romanticismo: Revista del Grupo de Estudios del siglo XVIII*, nº 29, pp. 411-431. http://doi.org/10.25267/Cuad_Ilus_romant.2023.i29.23

Guimerá Ravina, Francisco de Solano Agustín (ed.) (1990), *Esclavitud y derechos humanos. La Lucha por la libertad del negro en el siglo XIX*, Madrid, CSIC.

Hernández Sandoica, Elena (1988), «Transporte marítimo y horizonte ultramarino en la España del siglo XIX: la naviera Antonio López y el servicio de correos a las Antillas», *Cuadernos de Historia Contemporánea*, nº 10, pp. 45-70.

Hernández Sandoica, Elena (1988), «Santander y la Compañía Trasatlántica: el Marqués de Comillas» en Xavier Agenjo Bullón y Manuel Suárez Cortina (eds.), *Santander fin de siglo*, Santander, Universidad de Cantabria / Ayuntamiento de Santander / Caja Cantabria, pp. 363-383.

Hernández Sandoica, Elena (1990), «Estudios españoles recientes acerca de la trata y la abolición de la esclavitud en Cuba. Aproximación crítica y perspectivas», en *Esclavitud y derechos humanos. La Lucha por la libertad del negro en el siglo XIX*. Madrid, CSIC, pp. 515-527.

Hernández Sandoica, Elena (1994), «A propósito del imperio colonial español en el siglo XIX: los negocios cubanos del marqués de Comillas», en C. Naranjo y T. Mallo (eds.), *Cuba, la perla de las Antillas*, Madrid, CSIC / Doce Calles, pp. 183-195.

Hogg, Peter C., (1973), *The African Slave Trade and Its Suppression. A Classified and Annotated Bibliography of Books, Pamphlets and Periodical Articles*, London, Frank Cass.

Hughes, Terence M. (1845), *Revelations of Spain in 1845, by an English Resident*, London, Henry Colburn Publisher, 2 vols.

Martín de la Torre, María (2017), *Arquitectura indiana en Cantabria. Los condes de Mortera.* Tesis doctoral, Universidad de Cantabria.

Martínez Carreras, José U. (1990), «La abolición de la esclavitud en España durante el siglo XIX», en *Esclavitud y derechos humanos. La Lucha por la libertad del negro en el siglo XIX*, Madrid, CSIC, pp. 63-77.

Martínez Gallego, Francesc A. (2004), «Isabel II y los políticos en camisa», en Juan Sisinio Pérez Garzón (ed.), *Isabel II. Los espejos de la reina*, Madrid, Marcial Pons, pp. 37-60.

McDonogh, G. W. (2014), *Good Families of Barcelona. A Social History of Power in the Industrial Era*, Princeton U. P.

Moreno García, Julia (1988), «El cambio de actitud de la administración española frente al contrabando negrero en Cuba (1860-1866)», *Estudios de historia social*, 44-47, pp. 271-284.

Moreno Rico, Javier (2017), «Hombres y barcos del comercio negrero en España (1789-1870)», *Drassana*, 25, pp. 66-89

Morgado García, Arturo (2013), *Una metrópoli esclavista. El Cádiz de la modernidad*, Granada, Editorial Universidad de Granada.

Nerín, Gustau (2015), *Traficants d'ánimes*, Barcelona, Portic.

Nieto y Cortadellas, Rafael (1954), *Dignidades nobiliarias en Cuba*, Madrid, Ediciones de Cultura Hispánica.

Novás Calvo, Lino (1999), *El negrero. Vida novelada de Pedro Blanco Fernández de Trava*, Barcelona, Tusquets.

Papásogli, Giorgio (1984), *El Marqués de Comillas. Don Claudio López Bru*, Madrid, Publicaciones de la Universidad Pontificia de Comillas.

Pastrana Jiménez, Lydia (2022), «El patrimonio inmueble de los protagonistas de la trata negrera en el Cádiz decimonónico», en Martín Rodrigo (ed.), *Del olvido a la memoria*, Barcelona, Icaria, pp. 227-240.

PEREDA, José María (1989), «Un marino», en *Escenas Montañesas. Obras Completas*, I, Santander, Tantín, pp. 213-222.

PÉREZ GARZÓN, Juan Sisinio (ed.) (2004), Isabel II. *Los espejos de la reina*, Madrid, Marcial Pons.

PÉREZ EIZAGUIRRE, Ángel Federico (1944), *Historia de la sociedad Pérez y Cia.* Autor.

PÉREZ DE REGULES, Agustín (1857), «Don Juan Manuel Manzanedo González de la Teja, primer Marqués de Manzanedo y primer Duque de Santoña», en VV. AA., *Banco de Santander 1857-1957. Aportación a la historia económica de la Montaña*, Santander, Editorial Cantabria, pp. 834-838.

PEREDA DE LA REGUERA, M. (1968), *Indianos de Cantabria*, Santander: Diputación Provincial.

PIQUERAS, José Antonio (2004), «La reina, los esclavos y Cuba», en Juan Sisinio Pérez Garzón (ed.), *Isabel II. Los espejos de una reina*, Madrid, Marcial Pons, pp. 91-110.

PIQUERAS, José Antonio (2021), Negreros. *Españoles en el tráfico y en los capitales esclavistas*, Madrid, Catarata.

PORTELL PASAMONTE, Rafael (2004), «Don Juan Manuel Manzanedo y González, I duque de Santoña, I marqués de Manzanedo», *Monte Buciero*, nº 10, pp. 87-102.

RAMOS SANTANA, Alberto (1997), *La burguesía gaditana en la época isabelina*, Cádiz, Adolfo de Castro. Fundación Municipal de Cultura.

REGATILLO, Eduardo F. (1950), *Un Marqués Modelo. El Siervo de Dios Claudio López Bru, segundo Marqués de Comillas*, Santander, J. Martínez.

RODRIGO, Martín (1995), *Antonio López y López (1817-1883), primer Marqués de Comillas. Un empresario y sus empresas*, Madrid, Fundación Empresa Pública.

RODRIGO, Martín (2001), *Los Marqueses de Comillas. 1817-1925. Antonio y Claudio López*, Madrid, LID.

RODRIGO, Martín (2006), «Familias, redes y alianzas en la gran empresa española: el holding Comillas (1857-1890)», *Protohistoria*, año X, nº 10, pp. 73-92.

RODRIGO, Martín, (2013), «Spanish Merchants and the Slave Trade. From Legality to Illegality, 1814-1870», en Josep M. FRADERA y Christopher SCHMIDT-NOWARA (eds.), *Slavery and Antislavery in Spain's Atlantic Empire*, Berghahn Books, pp. l76-199.

RODRIGO, Martín (2018), «Cádiz y el tráfico ilegal de esclavos en el Atlántico (1817-1866)», en Martín Rodrigo y María del Carmen Cózar Navarro (eds.), *Cádiz y el tráfico de esclavos. De la legalidad a la clandestinidad*, Madrid, Silex.

RODRIGO, Martín (2021), Un *hombre de mil negocios. La controvertida historia de Antonio López, marqués de Comillas*, Barcelona, Ariel.

RODRIGO, Martín (ed.) (2022), *Del olvido a la memoria*, Barcelona, Icaria.

RODRIGO, Martín y CHAVIANO PÉREZ , Lizbeth (eds.) (2017), *Negreros y esclavos. Barcelona y la esclavitud atlántica.* (siglos XVI-XIX), Barcelona, Icaria / Antrazit.

RODRIGO, Martín y CÓZAR NAVARRO, María del Carmen (eds.) (2018), *Cádiz y el tráfico de esclavos. De la legalidad a la clandestinidad*, Madrid, Silex.

ROMERO GONZÁLEZ, Jesús, (1999), *Matagorda (1870-1940). La construcción naval española*, Cádiz, Publicaciones de la Universidad de Cádiz.

SÁIZ PASTOR, Candelaria (1990), «La esclavitud como problema político en la España del siglo XIX (1833-1868). Liberalismo y Esclavismo», en *Esclavitud y derechos humanos. La Lucha por la libertad del negro en el siglo XIX* Madrid, CSIC, pp. 79-88.

SANTOÑA, Duquesa Viuda de (1894), *Expoliación escandalosa. Historia del Laudo dictado en la testamentaria del excelentísimo señor duque de Santoña*, Madrid.

SAZATORNIL RUIZ, Luis (2007), *Arte y mecenazgo indiano del Cantábrico al Caribe*, Gijón, Ediciones Trea.

SAZATORNIL RUIZ, Luis (2008), «El rostro del poder: retratos de indianos, burgueses y linajes montañeses» en Miguel CABAÑAS BRAVO, Amelia LÓPEZ-YARTO ELIZALDE y Wifredo RINCÓN GARCÍA (coords.), *Arte, Poder y Sociedad en la España de los siglosXV a XX*, Madrid, CSIC

SOLANO, Francisco de (ed.) (1990), *Esclavitud y derechos humanos*.

    La lucha por la libertad del negro en el siglo XIX, Madrid, CSIC.

SCHMIDT-NOWARA, Christopher (2013), *Slavery and Anti-Slavery in Spain's Atlantic Empire*, Bergham Books / Universitat Pompeu Fabra.

SOLDEVILLA ORIA, Consuelo (1988), «De Santander a la Habana: la ruta migratoria de las Antillas», en Xavier AGENJO BULLÓN y Manuel SUÁREZ CORTINA (eds.), *Santander fin de siglo*, Santander, Universidad de Cantabria / Ayuntamiento de Santander / Caja Cantabria, pp. 75-87.

THOMAS, Hugh (1997), *The Slave Trade*, Londres, Picador.

TSUCHIYA, Akiko (2019), «Monuments and Public Memory: Antonio López y López, slavery and the Cuban-Catalan Connection», *Nineteenth Century Contexts*, 41.5, pp. 479-500. https://doi.org/10.1080/08905495.2019.1657735

VOYAGES. *The Trans-Atlantic Slave Trade Database. Hutchins Center for African and AfricanAmerican Research*, Harvard University. https://www.slavevoyages.org/voyage/database

VILA VILAR, Enriqueta y VILA VILAR, Luisa (eds.) (1996), *Los abolicionistas españoles. Siglo XIX*, Madrid, Ediciones Cultura Hispánica.

Índice

Este libro terminó de imprimirse el 1 de mayo de 2026, el mismo día, pero 1834, en que quedó abolida la esclavitud en el Imperio Británico.